LE CHAPITRE ÉPISCOPAL

ET NATIONAL

DE SAINT-DENYS

DANS LA DISCUSSION DU BUDGET DE L'ANNÉE 1877

PAR Mgr L'ÉVÊQUE DE SURA

PRIMICIER DE L'INSIGNE CHAPITRE.

LE CHAPITRE ÉPISCOPAL

ET NATIONAL

DE SAINT-DENYS

DANS LA DISCUSSION DU BUDGET DE L'ANNÉE 1877

PAR Mgr L'ÉVÊQUE DE SURA

PRIMICIER DE L'INSIGNE CHAPITRE.

LE CHAPITRE ÉPISCOPAL

ET NATIONAL

DE SAINT-DENYS

Dans la discussion du Budget pour l'Année 1877.

Le Chapitre de Saint-Denys a traversé, en 1876, une crise bien redoutable, qui a mis en question son existence même. Il est sorti de cette crise à son plus grand avantage, plus que jamais fortifié et consolidé sur sa base. L'utilité, la nécessité même, le caractère éminemment national de cette respectable institution, ont été reconnus et sanctionnés par les grands pouvoirs de l'État, et la République, en l'adoptant, s'est approprié l'œuvre de la monarchie.

Il nous paraît très-opportun, dans l'intérêt de l'avenir et de la conservation du Chapitre, de retracer, en peu de mots, les phases diverses de cette crise, et de réunir, en un seul point de vue, les faits et les documents qui se rattachent à cette question.

Averti dès les premiers jours du mois de mai que le Chapitre de Saint-Denys trouverait des adversaires dans la Commission du budget, à la Chambre des députés, nous crûmes que le moment était arrivé de prendre la défense d'une institution vénérable dont la garde était confiée à notre sollicitude.

Nous rédigeâmes un premier Mémoire où, exposant en peu de mots, l'histoire et les transformations du Chapitre, nous voulûmes démontrer que les plus grands intérêts de l'ordre religieux, moral, national et politique en demandaient la conservation [1]. A ce Mémoire furent joints des documents propres à donner une connaissance assez étendue de l'histoire du Chapitre, de sa nature, de son objet et de l'état présent de l'illustre basilique où le Chapitre célèbre le culte divin [2].

Ces diverses pièces furent envoyées d'abord à M. le Maréchal Président de la République, à M. le ministre des cultes, à M. le président et à MM. les membres de la Commission du budget.

Nous croyons utile de reproduire ici les lettres que nous écrivîmes à M. le ministre des cultes et à M. le président de la Commission du budget.

Monsieur le Garde des Sceaux,

J'apprends, d'une manière certaine, que la question du Chapitre de Saint-Denys va être posée très-prochainement, un de ces jours, dans la Commission du budget, et que le Chapitre y trouvera de bien redoutables adversaires. Nous osons espérer que Votre Excellence sera son défenseur dans la Commission elle-même et avant que la question soit portée à la Chambre des députés.

Mon devoir, dans cette circonstance si grave et qui peut être décisive, me paraît être de renseigner aussi complétement et aussi exactement que possible Votre Excellence sur la vraie nature, la vraie situation de notre Chapitre, et de lui signaler toutes les suites malheureuses qu'aurait sa suppression ou sa diminution.

1. Voir ce premier Mémoire, Pièces justificatives, n° II.

2. Ces documents ont été distribués à messieurs les Sénateurs et à messieurs les Députés. Nous n'avons pas cru nécessaire de les reproduire à la suite de cet opuscule.

Un entretien avec Votre Excellence me semble nécessaire. Je prends donc la liberté de le solliciter...

Paris, 9 mai 1876.

Cet entretien nous fut immédiatement accordé; et nous eûmes l'honneur de déposer dans les mains mêmes du ministre le Mémoire et les documents qui le complétaient.

Monsieur le président,

Je m'adresse à l'homme politique dont la haute influence peut préserver en France l'ordre public et tout ce qui intéresse cet ordre.

J'ai donc l'honneur, Monsieur, de mettre sous vos yeux les documents utiles à la défense du Chapitre de Saint-Denys, persuadé que cette cause juste trouvera en vous un appui efficace.

Paris, le 12 mai 1876.

En même temps, nous avions l'honneur d'adresser la lettre suivante à M. le Maréchal Président de la République.

Monsieur le Maréchal,

Je crois qu'il est de mon devoir de porter à la connaissance de Votre Excellence les démarches et les efforts que je fais en ce moment pour préserver le Chapitre de Saint-Denys de la ruine dont il est menacé.

Le Chapitre sait très-bien qu'il peut compter sur la bienveillance de celui qui est la force et l'espoir de l'ordre public en France.

Paris, le 12 mai 1876.

Le premier Mémoire, ces lettres et ces démarches eurent d'abord, dans la Commission du budget, un succès presque complet ; et, à la suite de la séance où la question fut traitée une première fois, un honorable membre de la Commission nous écrivait en ces termes :

Le Chapitre de Saint-Denys a passé la ligne. Quatre commissaires en ont seuls voté la suppression, et la Commission du budget propose le crédit. Elle se borne à refuser la création d'un nouveau canonicat.

23 mai 1876.

Et, quelques jours après, l'honorable président de la Commission nous faisait exprimer sa satisfaction [1].

Tout paraissait terminé, dans la Commission du budget, lorsque M. Camille Sée, député de la Seine pour l'arrondissement de Saint-Denys, proposa à la Commission l'amendement suivant :

Ministère de la Justice et des Cultes. — Chapitre V. — Il ne sera plus pourvu aux vacances qui se produiront dans le chapitre de Saint-Denys.

Le crédit qui y est affecté sera annulé au fur et à mesure des extinctions [2].

Cet amendement qui, dans une intention bienveillante, réservait les droits acquis, mais voulait supprimer l'institution capitulaire, fut discuté dans une séance d'où étaient absents plusieurs de nos amis, et ne fut cependant adopté qu'à une simple voix de majorité. Ce fait a été publiquement déclaré à la tribune de la Chambre des députés, dans la mémorable séance du 28 novembre 1876, par M. Raoul Duval, membre de

1. Lettre de M. le sénateur A..... à Mgr de Sura, du 16 juin 1876.

2. Rapport fait au nom de la Commission des dépenses de l'exercice de 1877.

la Commission : « Dans la Commission du budget, et après une discussion approfondie, dit l'honorable orateur, c'est, si j'ai bonne mémoire, l'écart d'une seule voix qui a donné l'avantage aux partisans de l'amendement[1]. »

Un premier vote si favorable, un second vote si disputé, nous autorisaient sans doute à concevoir l'espoir d'un nouvel examen dans la Commission et à le lui demander. Toutes nos démarches, depuis les derniers jours de juin jusqu'au moment de la séparation des Chambres, tendirent à amener ce résultat. Nous eûmes plusieurs entretiens avec les honorables membres de la Commission ; nous leur représentâmes, de vive voix et par écrit, les inconvénients graves, les suites funestes de la suppression du Chapitre, votée à une seule voix de majorité. Nous devons dire que nos observations furent parfaitement accueillies, et que nous avions l'espoir d'un vote réparateur, lorsque, le 10 juillet, nous reçûmes la lettre suivante de l'honorable rapporteur de la Commission, M. Cornil.

Monseigneur,

La question du Chapitre de Saint-Denys est venue samedi à la Commission du budget ; j'ai exposé les raisons qui rendraient votre situation comme primicier très-difficile, si la décision de la Commission était maintenue. C'était malheureusement à la fin de la séance et il n'y avait pas assez de membres présents pour prendre une nouvelle décision, en sorte que la première a été maintenue.

C'est par conséquent en séance publique, lors de la discussion du budget, que se videra la question.

Paris, le 10 juillet 1876.

1. *Journal officiel* du 29 novembre 1876, p. 8,791.

Le rapport sur le budget des cultes fut déposé à la Chambre des députés le jour même où l'honorable rapporteur avait bien voulu nous adresser cette lettre.

Ce rapport fut bientôt connu du public, et il fut permis de l'apprécier.

Malgré la sobriété où il s'était renfermé, il faisait cependant au Chapitre un reproche de *son origine*, *de ses fluctuations et de ses fonctions*.

Nous crûmes qu'il était de notre devoir de répondre, et, sans nous écarter des égards dus aux honorables membres de la Commission du budget, sans oublier la reconnaissance que nous leur devons de leur bienveillance pour les personnes du Chapitre, nous rédigeâmes un nouveau Mémoire présenté aux Chambres, lors de la reprise de leurs travaux, en novembre [1].

Dans ce Mémoire, il ne nous fut pas difficile de prouver encore une fois que l'origine du Chapitre a été une pensée religieuse, généreuse, nationale; que les transformations de cette institution ont été nécessitées par les transformations politiques elles-mêmes ; et que sa réorganisation, préparée en 1872, sous le gouvernement de M. Thiers, par M. Jules Simon, l'ayant mise en harmonie avec le régime actuel de la France, permet de conserver toutes les utilités de ce vénérable établissement. Il fut prouvé aussi que les fonctions purement religieuses du Chapitre ne peuvent jamais soulever contre lui aucune objection sérieuse.

Aussitôt que les Chambres eurent repris leurs travaux et que la Commission du budget se fut de nouveau réunie, nous renouvelâmes nos instances auprès de cette Commission pour obtenir la justice que nous

1. Voir ce second Mémoire, *Pièces justificatives*, n° III.

avions espérée d'elle. Nous devons dire que nous trouvâmes, parmi ses honorables membres, le plus généreux concours, le plus chaleureux appui, et notre devoir est de rendre ici un particulier hommage à MM. Bardoux et Raoul Duval.

Cependant le vote énoncé dans le rapport public fut maintenu, et nous arrivâmes ainsi aux débats solennels de la séance du 28 novembre.

Le Chapitre fut défendu, dans un discours ému et éloquent, par M. de La Bassetière, député de la Vendée. Il présenta les raisons décisives qui militent en faveur de cette noble institution ; et, après avoir invoqué l'autorité de M. Jules Simon, qui sut aussi la défendre avec le plus grand succès devant l'Assemblée nationale, le 21 mars 1872, il termina son discours par ces nobles paroles, où il liait avec bonheur le sort du Chapitre à celui de l'illustre basilique nationale :

C'est ce monument vivant des grandeurs de la patrie que vous voudriez abandonner à l'oubli, à la solitude et à la destruction qui en seraient la conséquence! Car, il ne faut pas l'oublier, Saint-Denys n'est plus une abbaye, Saint-Denys n'est pas non plus une paroisse; si vous supprimez son chapitre, vous y supprimez le culte, c'est-à-dire l'âme même du monument, ce qui l'anime, ce qui l'inspire, ce qui le consacre et le conserve, ce qui conserve en même temps tous vos grands souvenirs.

Ah! Messieurs, puisqu'il faut toujours se porter, autant que possible, sur un terrain qui doit vous être cher, demandez à ces grandes républiques du moyen âge, qui ont bien fait quelque figure dans l'histoire, demandez-leur si elles auraient consenti à transformer leurs splendides basiliques, où elles aimaient à déposer les cendres de leurs grands hommes, si elles auraient consenti à les changer en un stérile et froid musée; demandez aujourd'hui à la protestante Angleterre d'arracher à un culte qui n'est plus, cependant, celui qui présida à la naissance de ce monument, demandez-lui d'arracher au culte la grande et nationale métropole de Westminster.

Messieurs, si nous voulons laisser quelques souvenirs durables, comme ces grands peuples, croyez-moi, conservez tout ce qui peut élever l'âme de la patrie, et, repoussant une solution de continuité qui n'a jamais porté bonheur à aucun peuple, sachez, sur les grandes traditions du passé, sachez greffer les espérances de l'avenir.

Messieurs, un seul régime a voulu briser, en même temps que tout culte religieux, tout souvenir patriotique se rattachant au passé. Ce fut la Convention. A ses yeux, les quatorze siècles de notre histoire furent comme s'ils n'avaient jamais été. Les cendres de nos grands hommes comme celles de nos rois furent jetées au vent; nos vieilles basiliques, monuments de l'art autant que de la foi, transformées en magasins de fourrage. Mais, Messieurs, ne l'oubliez pas, quand elle eut fait cette chose inouïe, monstrueuse, une nation sans passé, sans culte et sans Dieu, comme le remarque M. Edgar Quinet lui-même, elle eut peur du vide qu'elle avait fait autour d'elle, elle recula devant son œuvre, et ce fut Robespierre, Robespierre lui-même qui se crut obligé de faire rentrer Dieu dans l'humanité [1].

M. Sée succéda à M. de La Bassetière pour défendre l'amendement qu'il avait proposé. Il n'est pas nécessaire d'analyser ici le discours du jeune député. Nous croyons l'avoir suffisamment réfuté dans les *Observations* que nous avons publiées sur ce discours, et qu'on trouvera à la suite de ces pages [2].

Une réplique vive, lumineuse, saisissante, fut faite au nom de la minorité de la Commission par M. Raoul Duval. Prouvant que son honorable adversaire s'était toujours tenu, dans son discours, en dehors de la vraie question; ramenant la question tout entière, avec une grande force logique au décret du 23 juin 1873 [3], il

1. *Journal officiel* du 29 novembre 1876.
2. Pièces justificatives, n° IV.
3. Voir ce décret, Pièces justificatives, n° I.

démontra qu'il était d'une bonne politique de conserver au gouvernement la possibilité d'offrir des retraites convenables aux évêques démissionnaires, et à quelques prêtres dans des positions exceptionnelles. Il démontra qu'il fallait conserver à notre histoire la basilique vénérable dont elle est le grand monument, et à la basilique son clergé national. L'éloquent et habile orateur fit appel aussi à l'autorité de MM. Thiers et Jules Simon [1].

1. Nous croyons utile de placer ici un extrait du mémorable discours, prononcé le 21 mars 1872, par M. Jules Simon, alors ministre des cultes. Après avoir déclaré que les droits acquis seraient toujours respectés, M. Jules Simon, répondant aux principales objections qui s'étaient produites, s'exprimait en ces termes :

« Il ne faut pas que l'on pense que le chapitre de Saint-Denys a pour but de veiller sur les cendres des dynasties. Ce n'est pas cela. Le chapitre de Saint-Denys se compose de deux sortes de chanoines, les chanoines-évêques et les chanoines de second ordre. Pour les chanoines-évêques, ce sont là des situations que l'on peut donner à des évêques que leurs infirmités empêchent de diriger un diocèse. Je puis vous attester, à présent que j'ai connaissance du personnel du culte catholique, qu'il est absolument nécessaire d'avoir pour les évêques un lieu de retraite. Supposez que vous supprimiez les chanoines-évêques de Saint-Denys, mon devoir, Messieurs, m'obligerait immédiatement à venir vous demander, sur le chapitre des retraites et des fonds de secours, une augmentation analogue pour ceux des évêques qui sont hors d'état de continuer l'exercice de leur épiscopat.

« Cela est parfaitement certain. Et pour quatre-vingt-dix évêchés dont se compose l'Église de France, neuf canonicats ne sont certainement pas excessifs. Je regarde cela comme une chose établie.

« Quant aux chanoines du second ordre, il faut que vous sachiez, Messieurs, — je dis cela pour les personnes qui pourraient avoir quelques scrupules, il est bon de les renseigner, — il faut que vous sachiez qu'il y a un certain nombre de prêtres qui n'ont pas besoin de ces ressources parce qu'ils sont engagés dans les ministères des paroisses; pour ceux-là, les canonicats dans les chapitres réguliers sont la retraite naturelle. Mais lorsque les prêtres sont détachés du service régulier du culte pour être placés comme aumôniers dans les régiments ou dans la marine, ils n'appartiennent plus à un diocèse, et il n'y pas d'évêque appelé à les prendre pour les mettre dans son chapitre. Cependant, si mes collègues et amis M. le ministre de la ma-

Sous le poids d'une fatigue extrême, et après avoir eu plusieurs échecs à subir dans cette même journée, M. le Garde des sceaux, ministre des cultes, n'avait pas cru devoir ou pouvoir prendre la parole.

Dans cette séance, les demandes du gouvernement pour le Chapitre de Saint-Denys eurent donc le sort de plusieurs de ses autres demandes. Mais, chose bien remarquable! tandis que, dans ces scrutins adverses, une majorité considérable se prononçait contre le ministère, celle qui se forma contre Saint-Denys ne fut que de *cinq voix*. Sur 470 votants, 239 se prononcèrent pour l'amendement de M. Sée, 231 contre. Mais, dès le lendemain, trois députés portés parmi les abstenants, MM. La Chambre, de Saint-Paul et Dréolle, déclarèrent avoir voté contre l'amendement, qui réunit ainsi 234 opposants. Il y eut, à côté, quarante-trois abstentions qui, selon la signification convenue, doi-

rine et M. le ministre de la guerre étaient là, ils vous diraient qu'il y a des aumôniers dans la marine et dans l'armée qui ont droit à la munificence ou plutôt à la justice de l'État, et c'est pour eux que le chapitre de Saint-Denys existe.

« Vous me permettrez de rappeler aussi, Messieurs, que l'église de Saint-Denys est un des plus admirables monuments de l'art français, et que nous ne pouvons pas faire que cette église soit déserte; il faut un prêtre dans une église, il faut par conséquent un clergé à Saint-Denys. Il y a aussi des tombeaux... On parlait de souvenirs; eh bien, permettez-moi, en passant, de dire, comme l'honorable orateur qui m'a précédé à cette tribune, que je ne suis pas attaché au culte monarchique et que j'appartiens aux opinions républicaines; mais tout en appartenant à ces opinions, non-seulement je suis respectueux pour tout ce qui a été glorieux dans notre pays, mais je suis dévoué aux grands souvenirs; et quand je visite la basilique de Saint-Denys, ce n'est pas seulement l'art qui m'y attire, ce sont ces grands souvenirs de notre histoire que je ne me crois pas le droit et que je n'ai pas le désir de répudier. » *Journal officiel* du 22 mars 1872.

Toutes les personnes qui ont lu ou entendu le discours de M. C. Sée contre le chapitre de Saint-Denys, reconnaîtront ici qu'il était réfuté d'avance par celui qu'il appela *son maître le plus cher*.

vent être estimées plutôt favorables au Chapitre que contraires[1].

Tout bien examiné, tout bien pesé, cette défaite était loin de se présenter comme un désastre. Elle pouvait même paraître une sorte de victoire, ou du moins elle contenait la promesse de cette victoire.

La question du Chapitre de Saint-Denys fut portée au Sénat avec le budget de 1877. Nous avions mis notre confiance dans la sagesse de la haute Assemblée ; cette confiance ne fut pas déçue.

Dans son rapport, adopté à l'unanimité par la Commission des finances, M. le sénateur Delsol s'exprimait ainsi :

La Chambre des députés a rejeté l'amendement de M. de La Bassetière et adopté celui de M. Camille Sée.

Votre Commission ne croit pas pouvoir utilement reprendre le premier, mais elle vous demande de ne pas adopter le second. La disposition qui supprime par voie d'extinction le Chapitre de Saint-Denys est, en effet, une mesure législative plutôt que budgétaire, et nous ne pouvons admettre que nos institutions puissent être modifiées incidemment par un vote qui est et doit rester purement financier. Le Chapitre de Saint-Denys, dont l'institution a un véritable caractère national, a été organisé par un décret-loi du 20 février 1806, par une ordonnance de 1816, par un décret-loi de 1852, par des décrets de 1858 et du 23 juin 1873. Son utilité n'est pas contestable : le gouvernement lui-même l'a hautement proclamé, et il est certain que si le Chapitre de Saint-Denys était supprimé et qu'il n'existât plus un lieu de retraite pour ceux des évêques qui sont hors d'état de continuer l'exercice de leurs fonctions, il serait absolument indispensable d'augmenter le fond des retraites et des secours d'une somme égale à l'économie apparente qui résulterait de cette suppression[2].

1. *Journal officiel* du 29 novembre 1876.

2. Rapport fait, au nom de la Commission du budget, sur le budget des dépenses de l'exercice 1877, par M. Delsol, sénateur.

Les conclusions de M. Delsol furent appuyées par l'éloquence de Mgr l'évêque d'Orléans, dans la séance du samedi 23 décembre. Déjà, Mgr le cardinal, archevêque de Paris, dans sa lettre du 24 juillet à M. le Garde des sceaux, avait pris aussi la défense du Chapitre.

Le Sénat, dans sa séance du 27 décembre, repoussa à l'unanimité, moins quelques voix, la disposition législative, introduite dans la loi de finances, qui prononçait la suppression du Chapitre de Saint-Denys par voie d'extinction, et assura ainsi autant qu'il était en lui la durée de cette institution[1].

Un vote nouveau de la Chambre des députés devenait nécessaire. Les circonstances étaient difficiles. Nous ne négligeâmes aucun de nos devoirs; et le matin même du jour où la question allait être définitivement décidée, nous écrivions à plusieurs personnages influents et à M. le Président du conseil, dont nous connaissions depuis longtemps les excellentes dispositions en faveur du Chapitre. Nous crûmes même très-opportun d'adresser une courte lettre à chacun de MM. les députés qui s'étaient abstenus lors du premier vote; et cette lettre était ainsi conçue :

Monsieur le Député,

Dans la séance du 28 novembre dernier, vous avez refusé de sanctionner par votre vote la suppression du Chapitre national de Saint-Denys. J'ose espérer que vous voudrez bien, dans cette nouvelle épreuve, donner à cette utile et nécessaire institution un témoignage positif de votre justice et de votre bienveillance.

Paris, le 28 décembre 1876.

Toutes nos précautions étaient prises, et nous vîmes sans trop d'appréhension arriver le grand débat qui

1. *Journal officiel* du 27 décembre 1876.

remplit la mémorable séance du 30 décembre, qui dut se prolonger bien avant dans la nuit.

Dans cette solennelle discussion, le Chapitre de Saint-Denys occupa sa modeste place. Ici, nous devons laisser parler le *Journal officiel.*

Il s'agissait de savoir si le Sénat avait été dans son droit en refusant d'adopter les dispositions législatives introduites dans la loi des finances par la majorité de la Chambre des députés; et c'était par une disposition de cette nature qu'elle avait voulu supprimer, par voie d'extinction, le Chapitre de Saint-Denys.

Sur ce point décisif pour notre question, les déclarations du Président de la Commission du budget, les déclarations de M. Gambetta, furent aussi claires, aussi précises, aussi formelles que possible. Elles sont dignes d'être conservées :

Le Sénat a sur nos dépenses un pouvoir de contrôle, il a également sur les dispositions que vous insérez dans vos lois de finances un pouvoir égal au vôtre. Ainsi, par exemple, dans votre budget vous avez introduit, et cela sur notre propre suggestion, — ce n'est donc pas pour en décliner la responsabilité, — vous avez introduit les dispositions législatives touchant le Chapitre de Saint-Denys, les sous-préfectures de Sceaux et Saint-Denys, la construction des chemins de fer, une nouvelle indemnité d'entrée en campagne pour les officiers du 19e corps. Il est indubitable que nous sommes là en présence de dispositions législatives d'un caractère permanent, dont les effets se prolongent au delà des budgets, au delà des exercices, jusqu'à ce qu'elles aient été abrogées formellement par d'autres dispositions législatives. Là, nous reconnaissons que le Sénat use de son droit d'égalité en matière d'initiative sur toutes autres matières que la matière financière, en revisant, en rétablissant, en substituant des rédactions à celles que vous lui aviez expédiées. Et alors, quand il a ainsi agi, vous êtes obligés d'enregistrer sa décision, vous ne pouvez pas réagir contre sa volonté : et cela est juste, cela est légitime, cela est conforme à l'article 8, aussi bien dans son paragraphe 1er que dans son paragraphe 2. . . . .

Le Sénat avait le droit de réduire, le droit d'abroger les dispositions législatives : c'est ce qu'il a fait, et je considère que son œuvre est acquise [1].

Cette doctrine, nous le disons pour la question qui nous occupe et sans toucher aux autres droits du Sénat, qui était la vraie, devait avoir sa pleine application à l'égard du Chapitre de Saint-Denys.

Voici ce qui se passa au moment du vote :

M. le Président. — . . . .
Je rappelle la rédaction qui avait été votée par la Chambre, sur la proposition de la Commission :

« Art. 14. Il ne sera plus pourvu aux vacances qui se produiront dans le Chapitre de Saint-Denys.

« Le crédit qui y est affecté sera annulé au fur et à mesure des extinctions. »

M. le Rapporteur. — Comme la Chambre vient de l'entendre, la Commission du budget avait commencé par vous proposer l'adoption de l'article que M. le Président vient de lire :

« Il ne sera plus pourvu aux vacances qui se produiront dans le Chapitre de Saint-Denys.

« Le crédit qui y est affecté sera annulé au fur et à mesure des extinctions. »

Le Sénat a supprimé cette disposition. La Commission vient vous demander de la rétablir.

Quant à moi, en mon nom personnel, je vous demande la permission de combattre les conclusions de la Commission du budget.

Qu'est-ce que c'est qu'une disposition légale insérée dans une loi de finances ? c'est une véritable loi. Or, quand une loi a été votée par une Chambre, si elle est repoussée par l'autre, elle ne peut être reproduite immédiatement par la Chambre qui l'avait votée en premier lieu.

1. *Journal officiel* du 29 décembre 1876.

La disposition en question ayant été repoussée par le Sénat, la Chambre des députés ne peut donc la reprendre. (Marques d'approbation.)

M. Langlois. — Messieurs, je m'associe tout à fait à ce que vient de dire mon collègue M. le rapporteur général.

Ceux qui ont, comme moi, contesté les droits du Sénat en ce qui concerne les crédits, reconnaissent parfaitement que le Sénat, sur ce terrain-là, doit avoir le dernier mot. (Très-bien!)

. . . .

M. le Président. — Je mets aux voix l'article.

M. Langlois et d'autres membres. — Nous ne devons pas voter là-dessus!

M. le Président. — Que demande la Commission ?

M. Cochery, rapporteur. — Je demande la suppression de l'article dont la Commission a proposé le rétablissement; je le demande en mon nom personnel.

Plusieurs membres à gauche. — Il n'y a pas lieu à délibérer!

Un membre à gauche. — Nous reconnaissons le droit du Sénat sur ce point.

M. le Président.— Vous voterez comme vous l'entendrez. C'est un article proposé par la Commission du budget, je ne peux le supprimer.

M. Wilson. — Un certain nombre de membres de la Commission et moi nous ne nous opposerons nullement à la suppression de l'article. . . . .

M. le Président. — Je mets aux voix l'article.

L'article 14 est mis aux voix et n'est pas adopté[1].

Le rejet de cet article 14 était l'abrogation du premier vote et la conservation définitive du Chapitre.

Les députés attestent que cette décision a été prise à une énorme majorité. L'ensemble du budget réunit 409 suffrages, et ne rencontra qu'une minorité opposante de *vingt-sept voix*.

Quand la question fut reportée au Sénat, M. Pouyer-

1. *Journal officiel* du 29 décembre 1876.

Quertier, président de la Commission des finances dans la haute Assemblée, prononça en ces termes la clôture de ces graves débats :

« Le Sénat est appelé de nouveau à user de son droit constitutionnel, et à arrêter, par un vote définitif, d'accord avec la Chambre des députés, le budget de l'exercice de 1877. Votre Commission des finances vient d'examiner le projet de loi qui a été déposé par le gouvernement sur le bureau de l'Assemblée au début de sa séance.

« Elle vous demande de l'adopter. »

Parmi les modifications proposées par le Sénat et qui ont été admises par la Chambre des députés, l'honorable président énumère :

« Le maintien du Chapitre de Saint-Denys. »

L'ensemble de la loi de finances est adopté par 261 sénateurs sur 261 votants, c'est-à-dire par l'unanimité absolue du Sénat [1].

Ainsi prend fin la question du Chapitre de Saint-Denys. . . . . .

Ce n'est pas sans émotion que nous transcrivons ces derniers témoignages, que nous écrivons ces dernières phrases. Le succès d'une cause sainte et juste est toujours un bienfait de Dieu. Qu'il en soit loué ! Et après avoir adoré et béni cette Providence qui conduit les grands et les petits événements de ce monde, qu'il nous soit permis d'offrir l'expression de notre reconnaissance à MM. les sénateurs, à MM. les députés, à M. le président du Conseil, qui ont voulu la conservation d'une institution respectable et utile.

1. *Journal officiel* du 30 décembre 1876.

Nous ne doutons pas que M. le Maréchal Président de la République n'ait vu avec satisfaction la victoire définitive d'une cause à laquelle il a bien voulu s'intéresser.

CONCLUSION.

Après cet exposé des faits il nous sera permis, sans doute, d'en tirer les conséquences : la première, c'est la légalité absolument certaine de l'institution capitulaire de Saint-Denys. Elle repose sur une loi reconnue, proclamée de nouveau par le Sénat, par les Députés, par le Président; reconnue et proclamée par les trois pouvoirs qui gouvernent notre France, après des débats approfondis, après des votes répétés des Commissions budgétaires et des assemblées politiqnes.

La seconde conséquence, c'est la parfaite adaptation de l'institution capitulaire de Saint-Denys à tous les régimes politiques qui ont gouverné, qui peuvent gouverner la France. Fondée et perfectionnée par la monarchie impériale, adoptée et agrandie par la monarchie royale, conservée et réorganisée par la République, elle se présente à la France comme une institution essentiellement nationale.

Et de ce grand caractère d'institution nationale découle la troisième conséquence, c'est-à-dire l'évidente utilité, la nécessité même de cette institution. Au milieu des passions politiques et antireligieuses, cette utilité, cette nécessité ressortent des débats prolongés, des votes solennels. Les défaites ont équivalu à des victoires, et le succès définitif a dépassé toutes les espérances.

Et quel homme de sens, quel homme de cœur, après y avoir réfléchi un instant, pourrait encore nier qu'à tous les points de vue, aux points de vue religieux, moral, historique, politique, esthétique, l'institution de Saint-Denys ne soit à jamais digne de respect et de faveur?

C'est la religion, c'est la foi de la France qui ont élevé ce temple à la gloire de l'apôtre des Gaules, et qui conservent, sous ces voûtes sacrées, ses restes vénérés.

Ces mêmes sentiments de foi et de piété chrétiennes amenèrent sous l'ombre protectrice de ce glorieux tombeau toutes les dynasties qui ont régné sur la France; et ces dynasties élevèrent aux pieds de ce tombeau tous ces magnifiques monuments funèbres qui sont chacun une page éloquente de notre histoire.

En célébrant le culte divin dans ce temple illustre, en priant pour la France, en conservant religieusement ces souvenirs, ces monuments de son histoire, le clergé capitulaire de Saint-Denys remplit une mission aussi patriotique qu'elle est sainte, aussi nationale que morale.

Le recrutement de ce clergé donne au chef de l'État le moyen de rémunérer des services qui doivent l'être, et qui jamais ne peuvent l'être d'une manière plus digne, plus honorable. Les anciens de l'épiscopat, quelques prêtres éminents y trouveront des retraites convenables.

La Basilique et l'institution capitulaire de Saint-Denys doivent donc être également chers à l'homme de foi, à l'homme d'État, à l'homme jaloux de toutes les gloires de la France, au philosophe, à l'historien, au poëte, à l'artiste.

Que toutes les passions de l'impiété, que toutes les passions inspirées par la politique de la destruction et du néant, se taisent, s'effacent, soient réduites à l'impuissance par le vrai génie de la religion et de la patrie!

Que le temple auguste de Saint-Denys reçoive toujours l'honneur qui lui appartient, et que son clergé remplisse toujours sa mission de prière et d'édification!

Tant que la France conservera l'intelligence de sa religion, de son histoire, de son passé; tant qu'elle conservera le culte du vrai, du beau, du bien; tant qu'elle sera fidèle à la sagesse politique, l'institution de Saint-Denys sera inexpugnable. Mais ces sentiments ne pourraient périr sans entraîner dans leur chute celle de la France. On peut le dire avec assurance : contemporain de ses origines, témoin de toute son histoire, pénétré toujours de sa vie, Saint-Denys durera autant que la France elle-même.

PIÈCES JUSTIFICATIVES.

I.

Administration des cultes.

DÉCRET.

Le Président de la République française,

Sur le rapport du Ministre de l'Instruction publique, des Cultes et des Beaux-Arts ;

Vu le décret du 17 juin 1857, portant réception du bref du 31 mars de la même année, qui institue canoniquement le Chapitre de Saint-Denys ;

Vu le décret du 18 décembre 1858, portant réorganisation de ce Chapitre ;

Vu le décret en date de ce jour, portant réception d'un bref du 12 octobre dernier, qui abroge le précédent bref du 31 mars 1857 ;

Le Conseil d'État entendu,

Décrète :

ARTICLE 1er. Le Chapitre de Saint-Denys est institué pour desservir la Basilique de ce nom et assurer une retraite honorable aux Évêques démissionnaires, ainsi qu'aux anciens aumôniers de terre et de mer et des établissements publics.

ARTICLE 2. Le Chapitre est composé d'un Primicier, de Chanoines-Évêques ou du premier Ordre, et de Chanoines-Prêtres ou du second Ordre.

Chacun de ces deux Ordres comptera au plus douze chanoines.

ARTICLE 3. Les membres du Chapitre sont nommés par le Président de la République sur la proposition du Ministre de l'Instruction publique et des Cultes.

ARTICLE 4. Les Chanoines du premier Ordre sont choisis exclusivement parmi les Archevêques et Évêques des diocèses de la France ou de ses colonies, dont la démission aura été régulièrement acceptée.

Les Chanoines du second Ordre seront choisis parmi les anciens aumôniers des armées de terre ou de mer, et des établissements publics, ayant au moins dix années d'exercice de leurs fonctions.

ARTICLE 5. Le Primicier est choisi parmi les Chanoines du premier Ordre ou les Archevêques et Évêques en fonctions.

ARTICLE 6. Le Primicier, les Chanoines-Évêques et les Chanoines-Prêtres reçoivent l'institution canonique conformément au bref donné à Rome le 12 octobre 1872, reçu et publié par décret de ce jour.

ARTICLE 7. Le Primicier exerce la juridiction spirituelle et jouit des droits et prérogatives qui lui sont conférés par le bref précité.

Il règle le service de l'Église et du Chapitre et nomme les auxiliaires ecclésiastiques et laïques qui y sont attachés.

Il présente à l'approbation du Ministre de l'Instruction publique et des Cultes le budget et les comptes de l'Église et du Chapitre.

Article 8. Lorsque le Primicériat vient à vaquer, soit par suite de décès, soit pour toute autre cause légitime, le Chapitre élit dans le délai de huit jours, au scrutin secret et à la majorité absolue des suffrages exprimés, un vicaire capitulaire choisi parmi les Chanoines du premier Ordre, pour remplir temporairement les fonctions de Primicier.

Si l'élection n'est pas faite dans le délai fixé, l'Archevêque de Paris ou, en cas de vacance de ce siége, l'Évêque le plus âgé de la province ecclésiastique de Paris désigne un membre du Chapitre pour remplir les fonctions d'administrateur temporaire.

Ces élections ou désignations sont soumises à l'agrément du Président de la République.

Article 9. Les Chanoines-Évêques conservent les honneurs et les prérogatives attachés à l'Épiscopat. Ils ne sont pas astreints à la résidence.

Article 10. Les Chanoines-Prêtres sont astreints à la résidence : s'ils n'ont pas justifié, dans les six mois de leur nomination, qu'ils ont fixé leur résidence à Saint-Denys, ils sont réputés démissionnaires et immédiatement remplacés.

Ils ne peuvent prendre plus de trois mois de vacances et ne s'absenteront qu'avec l'agrément du Primicier, qui en informera le Ministre des Cultes. Il sera fait sur le traitement de ceux qui s'absenteraient sans autorisation, une retenue dont la quotité sera réglée, suivant le cas, par une décision ministérielle.

ARTICLE 11. Le traitement des Chanoines-Évêques ou du premier Ordre est fixé à 10,000 francs.

Le traitement et les droits de présence des Chanoines-Prêtres ou du second Ordre sont fixés à 4,000 francs.

Le montant et le mode de répartition des droits de présence sont réglés par décret rendu sur la proposition du Primicier et le rapport du Ministre de l'Instruction publique et des Cultes.

Le trésorier du Chapitre est choisi parmi les Chanoines du second Ordre. Il est nommé par arrêté ministériel et reçoit une indemnité de 600 francs.

ARTICLE 12. Les Chanoines de Saint-Denys ont pour insigne commun aux deux Ordres une croix d'or émaillée à huit pointes, dont le centre reproduit, sur les deux faces, le sceau et le contre-sceau de l'ancienne abbaye de l'Église de Saint-Denys.

ARTICLE 13. Le décret du 20 février 1806, articles 1 à 6 ; l'ordonnance du 23 février 1816 ; les décrets du 25 mars 1852, 9 mars 1853 et 18 décembre 1858 sont et demeurent rapportés.

ARTICLE 14. Le Ministre de l'Instruction publique, des Cultes et des Beaux-Arts est chargé de l'exécution du présent décret, qui sera inséré au *Journal officiel* et au *Bulletin des Lois.*

Fait à Versailles, le 23 juin 1873.

Signé : Maréchal DE MAC-MAHON.

Par le Président de la République :

Le Ministre de l'Instruction publique et des Cultes,

Signé : A. BATBIE.

Par ampliation :

Le Conseiller d'État, chef de la 1re division de l'administration des Cultes,

AD. TARDIF.

Collationné :

Le chef de bureau,

BRUCELLE.

II.

Premier Mémoire. — Le Chapitre national de Saint-Denys.

La pensée qui a présidé à la fondation du Chapitre de Saint-Denys est éminemment chrétienne, nationale et politique. Quand l'antique et vénérable basilique fut sortie de ses ruines, il était très-convenable de la faire desservir par un clergé spécial, chargé de célébrer le culte divin dans l'auguste sanctuaire, d'y honorer et d'y conserver les plus grands souvenirs, les monuments les plus précieux de notre histoire et d'y offrir à Dieu des prières pour la France.

D'un autre côté, il était nécessaire d'instituer des retraites pour les évêques démissionnaires et pour un certain nombre de prêtres distingués, qui ne pouvaient pas en trouver ailleurs.

De ces hautes convenances, de ces nécessités est sortie la composition du Chapitre de Saint-Denys, formé de deux classes de chanoines, de chanoines-évêques et de chanoines-prêtres, ayant tous rendu d'éminents services et rempli les carrières les plus honorables.

Une institution créée dans un but aussi élevé et dans des conditions aussi sages devait être chère à tous les gouvernements de la France. Il en a été ainsi; l'empire, la restauration, la monarchie d'Orléans, la république, se sont tous montrés jaloux de conserver cette institution.

La révolution du 4 septembre ayant rendu nécessaire une réorganisation du Chapitre, cette réorganisation fut préparée sous le gouvernement de M. Thiers, par M. Jules Simon, et accomplie au mois de juin 1873 par M. le Maréchal Président de la République. L'intervention du Saint-Siége fut jugée nécessaire par MM. Thiers et Jules Simon, et un nouvel indult apostolique, du 8 octobre 1872, donna à l'institution capitulaire sa forme actuelle.

Le Chapitre de Saint-Denys, dans son état présent et son existence légale, est donc essentiellement l'œuvre d'un gouvernement républicain et il repose sur les lois mêmes de la République.

Dans ces dernières années, les grands travaux de la restauration intérieure de la basilique ont été à peu près terminés; des sommes considérables y ont été consacrées. L'aspect actuel de l'Église est digne de sa renommée; il est d'une grande magnificence, quoiqu'il présente encore quelques lacunes; et le service divin y est enfin célébré par le Chapitre, avec la plus grande régularité et beaucoup d'édification.

Les choses étant ainsi, le gouvernement de la République et les Chambres doivent-ils abandonner le Chapitre de Saint-Denys, et le sacrifier aux adversaires qu'il peut avoir?

Nous ne craignons pas d'affirmer que les plus grands intérêts de l'ordre religieux, moral, national, politique, demandent la conservation de cette noble institution.

Comme l'a dit avec sa haute raison M. le Garde des sceaux, le respect de la religion est la première condition d'une société démocratique, sous un gouvernement républicain. Aucune atteinte ne doit être portée aux institutions religieuses appuyées par les lois de la République. Ces atteintes seraient d'un effet déplorable et dangereux pour les mœurs publiques. Renouvelée, créée à nouveaux frais sur la demande de la République, depuis trois ans à peine, l'institution de Saint-Denys serait abolie, autant que la loi des finances peut l'abolir; le temple auguste de Saint-Denys serait fermé! Mais une telle mesure ne paraîtrait-elle pas inspirée par le seul motif de la haine ou du mépris de la religion? Ce funeste exemple ne sera pas donné.

Une démocratie honnête, libérale, sage, doit comprendre et honorer le grand passé de la France; et les monuments de ce passé doivent être respectés par elle. Quand la religion conserve et consacre le culte de ce passé, elle donne à la démocratie une des plus sages leçons qu'elle puisse recevoir. C'est la fonction sainte et patriotique que remplit le Chapitre de Saint-Denys, en célébrant le service divin au milieu de tous les grands souvenirs de notre histoire.

Sous ce rapport encore il doit être cher à un gouvernement vraiment national.

Il est aussi d'une bonne politique pour le gouvernement de conserver les moyens d'offrir des retraites honorables aux évêques qui ne peuvent continuer leur saint ministère, et aux prêtres qui ont rendu d'éminents services. L'institution de Saint-Denys lui donne ces moyens. Serait-il sage de se les laisser enlever?

Nous avons dit que le gouvernement de la République, quand il voulut réorganiser le Chapitre de Saint-Denys, en 1871 et 1872, avait, comme il le devait, fait appel à l'autorité du chef de l'Église. Le Saint-Père a renouvelé la mission et les pouvoirs spirituels qu'il avait déjà accordés au Chapitre. Le gouvernement, de son côté, s'est obligé à continuer la dotation du Chapitre. Il y a là un concordat, une loi internationale, qu'un gouvernement sage et des assemblées françaises doivent respecter et tenir inviolables.

Enfin, sur la foi de cette législation, des hommes vénérables sont entrés au Chapitre de Saint-Denys; ils ont cru, avec raison, acquérir en y entrant des droits sacrés. Nous ne pensons pas qu'aucun gouvernement plus que celui d'une démocratie souveraine doive se montrer respectueux des droits acquis.

La conclusion naturelle qui sort des considérations précédentes, c'est la nécessité de la conservation, et de la conservation intégrale du Chapitre national de Saint-Denys. Nous disons la conservation intégrale, car on ne pourrait le diminuer sans lui porter des atteintes mortelles. Les traitements des évêques, certes, n'ont rien d'excessif, vu les positions qu'ils quittent en entrant à Saint-Denys; ceux des prêtres sont à peine suffisants. La dotation matérielle n'est pas en proportion avec les besoins. Toutes les diminutions possibles et impossibles ont été faites en 1872. De nouvelles diminutions auraient les plus désastreux effets.

Le Primicier de Saint-Denys soumet ces réflexions à Monsieur le Garde des sceaux, Ministre des cultes, à ses collègues du ministère, au gouvernement tout entier de Monsieur le Maréchal Président. Il les soumet aussi au Président, aux membres de la Commission du budget, aux Chambres elles-mêmes.

Enfin, pour éclaircir ces matières autant que possible, il joint à cette note les lettres qu'il a publiées sur le chapitre de Saint-Denys, dans le but de faire bien connaître l'histoire, la nature, l'objet de cette institution et l'état présent de la basilique[1].

III.

Nouveau Mémoire pour la conservation du Chapitre épiscopal et national de Saint-Denys, présenté aux Chambres, à la Commission du budget et à M. le Ministre des cultes, par Mgr l'évêque de Sura, primicier de l'insigne Chapitre (25 octobre 1876).

L'évêque de Sura, Primicier du Chapitre de Saint-Denys, a eu l'honneur de présenter aux Chambres, à la Commission du budget et à Monsieur le Ministre des cultes un premier Mémoire pour défendre l'existence et les droits de cette noble et précieuse institu-

1. Nous avons déjà dit que ces documents se trouvent dans les mains de Messieurs les Sénateurs et Députés.

tion, dont les intérêts sacrés sont confiés à sa sollicitude. Ce Mémoire a été accompagné du décret qui a réorganisé ce Chapitre et de quelques documents propres à bien faire connaître l'origine, l'histoire, la mission du Chapitre national, et l'état présent de la vénérable basilique où il célèbre le culte divin.

Ce Mémoire a eu d'abord d'heureux résultats au sein de la Commission du budget, et un vote favorable à la conservation du Chapitre réunit une majorité considérable. Plus tard, la même Commission, sans se départir d'une grande bienveillance pour les personnes qui composent le Chapitre, crut devoir adopter, à la majorité d'une voix, un amendement qui voudrait borner l'existence du Chapitre à celle des titulaires actuels de ses canonicats. Les intérêts matériels des personnes capitulaires se trouvent ainsi sauvegardés, et elles manqueraient au devoir si elles ne reconnaissaient pas cet acte de justice et de bienveillance.

Mais elles violeraient des devoirs plus sacrés encore, si elles n'adressaient pas un nouvel appel à cette même justice, à cette même bienveillance, non plus dans le but de défendre des intérêts privés, mais dans celui d'obtenir la conservation d'une institution plus précieuse pour elles que leurs propres intérêts.

Nous croyons l'avoir prouvé dans notre premier Mémoire : l'institution capitulaire de Saint-Denys est le fruit d'une pensée grande, généreuse, patriotique, politique.

Aussi tous les gouvernements de la France, depuis le commencement de ce siècle, ont compris et adopté cette noble pensée; et la République, en 1873, a fait sienne cette institution, en la réorganisant sur des bases nouvelles et en rapportant les décrets antérieurs qui lui avaient donné l'existence [1].

De cet acte de sage et bonne politique, il est résulté que Saint-Denys, depuis dix-huit mois et sous le gouvernement républicain, a pris une vie, une activité nouvelles, un nouvel éclat. Qu'il nous soit permis d'énumérer rapidement ici les travaux qui ont été terminés depuis ces dix-huit mois dans l'illustre basilique, et les embellissements qu'elle a reçus. Avec le concours d'une sage et bienveillante administration, et sous la direction d'un éminent architecte, la restauration du mur méridional a été achevée ; un puissant calorifère a été construit ; un dallage général, digne de la grandeur et de la beauté de l'édifice, a été posé ; l'autel et le tombeau de Saint-Denys ont été rétablis ; ce tombeau, cet autel et le maître-autel aussi ont reçu une décoration qui pare de couleurs ravissantes d'admirables sculptures. Le chevet offre à l'œil étonné du spectateur les plus beaux vitraux du monde, merveilleux fragments de l'art inspiré du moyen âge, et lumineux couronnement des autels qu'ils surmontent. Des grilles d'un travail exquis ont déjà revêtu leur dorure. Les sanctuaires superposés, le chœur des chanoines-évêques et des chanoines-prêtres , quoiqu'il ne possède pas encore les stalles qu'on lui prépare, présentent l'aspect le plus majestueux ; et ces sanctuaires et ce chœur sont entourés, de tous côtés, par cet ensemble unique de monuments qui, depuis Clovis et Dagobert jusqu'au dernier des Valois, rappelle toutes les grandeurs de notre histoire, et offre à l'ad-

1. Voir le décret du 23 juin 1873 et les documents où nous avons raconté l'histoire du Chapitre.

miration des générations futures les chefs-d'œuvre de notre sculpture nationale. Toute la vérité, toute la beauté des enseignements évangéliques, des dogmes chrétiens, respirent dans toutes les parties de ce grand édifice, comme dans son ensemble et dans son unité; et nous ne saurions trop répéter que c'est sous la République et par elle que la restauration du monument, projetée et commencée sous les règnes précédents, vient d'être terminée dans ses portions les plus essentielles. Nous omettons à dessein de nombreuses améliorations de détail, dont l'énumération fatiguerait peut-être le lecteur.

L'élan général des populations vers le vieux sanctuaire a prouvé que la restauration de Saint-Denys était vraiment populaire, et les efforts du vénérable Chapitre pour ranimer un culte si cher à nos pères n'ont pas été perdus. Nous ne parlons pas seulement ici des nombreux visiteurs qui vont, tous les jours, admirer Saint-Denys, attirés par la grandeur des souvenirs et les beautés artistiques que renferme la vieille basilique. Nous parlons surtout du mouvement de foi et de prière qui éclate dans le vénérable sanctuaire.

L'année dernière, d'après les relevés officiels, près de quatre-vingt mille personnes sont venues, pendant l'octave de Saint-Denys, prier pour la France au pied du tombeau de son apôtre. Cette année, la foule pieuse s'est encore accrue, et les relevés la portent à près de cent mille. Et qu'on ne s'y trompe pas, ce n'étaient point des passions politiques qui guidaient vers le saint tombeau ces populations fidèles; elles n'y étaient conduites que par les pensées de la foi et de l'espérance chrétiennes.

On doit tenir aussi grand compte des avantages matériels que la présence du Chapitre, les services de la basilique, le nombre des visiteurs et des fidèles procurent à la population et à la ville de Saint-Denys. Elle doit sa naissance et sa gloire au tombeau de son Patron ; elle recueille encore de son culte de précieux bienfaits. Puisse-t-elle ne l'oublier jamais !

C'est en présence de tous ces faits, qui se sont produits sous le régime républicain, que nous nous permettrons de soumettre aux Chambres et à la Commission du budget elle-même quelques réflexions sur l'adoption de l'amendement contraire à Saint-Denys, amendement qui est venu détruire, dans la Commission, l'effet du premier vote. La bienveillance que la Commission a témoignée au Chapitre est, pour nous, la preuve qu'il y aura eu là quelque méprise. En respectant les droits acquis, cet amendement prononce un arrêt de mort et contre l'institution capitulaire et contre la basilique elle-même. Nous osons dire que l'une et l'autre ont droit de vivre et doivent vivre.

Que peut-on reprocher à l'institution capitulaire de Saint-Denys ? N'est-elle pas avant tout et essentiellement une institution religieuse, une œuvre de cette foi chrétienne à qui nous devons tout ce qu'il y a de plus sage, de meilleur, de plus humain, de vraiment libéral dans nos lois et dans nos mœurs ? Ce caractère religieux et chrétien lui appartient surtout parce qu'elle a pour but spécial de conserver, d'honorer le tombeau, les restes et les souvenirs du grand apôtre de la foi chrétienne dans notre vieille Gaule. C'est à cause de ce tombeau qu'elle a reçu des souverains pontifes les plus grands, les plus précieux priviléges ; et ses fonctions principales consistent dans la célébration des saints offices au pied de ce tombeau.

Les effets salutaires d'une aussi sainte institution ne peuvent être sérieusement contestés par personne. Il y a là un foyer de vie religieuse et morale qui peut exercer la plus heureuse influence. Et cette institution essentiellement religieuse est éminemment nationale, puisqu'elle consacre par la religion et la prière les plus grands souvenirs de notre histoire, et qu'elle appelle tous les jours les bénédictions divines sur la France. Cette institution est aussi essentiellement politique, puisqu'elle donne au gouvernement le moyen le meilleur, le moyen le plus digne d'assurer des retraites ou un état à des hommes vénérables qui ont bien mérité de la religion et de la patrie. Son caractère politique est si marqué qu'elle ne pourrait être abolie sans amener la violation d'un traité international.

Nous avons constaté que l'institution de Saint-Denys était même une source d'avantages matériels pour les populations au milieu desquelles elle existe.

Sous tous les rapports donc, l'institution de Saint-Denys est éminemment utile, bienfaisante, irréprochable.

On objectera peut-être qu'elle impose à l'État une dépense. Mais cette dépense minime est nécessaire, parce qu'il faut des retraites convenables aux évêques démissionnaires, ainsi qu'à un certain nombre de prêtres distingués dont il importe à l'Etat de reconnaître les services. Cette dépense est d'ailleurs largement compensée par les avantages de l'ordre le plus élevé qui découlent de cette institution.

Peut-être dira-t-on encore que l'institution de

Saint-Denys est, par son origine, monarchique et même impériale. La réponse est facile : elle est tout entière dans le décret du 23 juin 1873. La République a adopté et reconstitué le Chapitre. Elle se l'est approprié, nous le répétons, jusqu'à effacer les décrets antérieurs; et nous rappelons ce fait sans oublier tout ce que nous devons de reconnaissance et de respect aux régimes précédents et à tous les bienfaiteurs du Chapitre.

S'il n'y a aucune objection sérieuse à la conservation, à l'existence permanente du Chapitre; si le Chapitre a le droit de vivre, la basilique aussi doit vivre et durer autant que la nation française : car elle est le témoin magnifique et glorieux de toute son histoire. Toutefois, qu'on ne s'y trompe pas, le sort de la basilique est lié à celui du Chapitre. La basilique sans son clergé capitulaire, la basilique sans son Chapitre serait un corps sans âme. Elle ne pourrait recevoir convenablement une nouvelle organisation ecclésiastique. Elle ne deviendrait qu'un musée dépourvu de vie, de voix, de chaleur, de valeur morale, un pur objet de curiosité. Cette transformation, qui serait en elle-même une atteinte à la religion et, en même temps, une abolition de lois, de traités et des droits qui en résultent, ne se ferait qu'au détriment des choses de l'âme et de tout ce qui donne aux beautés de l'histoire et de l'art leur prix le plus haut. Que les leçons du passé ne soient pas perdues! Que devint Saint-Denys sous l'empire des passions impies? Une ruine qui fut une honte pour la France, et un signe du malheur des temps!

Nous avons donc la ferme confiance qu'un nouvel examen de la question ramènera la Commission du budget à son premier vote; nous avons la ferme confiance que les Chambres, dans leurs décisions, se montreront respectueuses envers la religion, envers le passé de la France, jalouses de toutes les grandeurs morales, et qu'elles seront vraiment conservatrices.

Nous osons encore soumettre à la Commission du budget une dernière réflexion. Nous ne pouvons pas douter de sa bienveillance pour les personnes; déjà nous lui en avons témoigné notre gratitude. Et cependant cette bienveillance nous fait un sort cruel. Si l'amendement était définitivement voté, le Chapitre de Saint-Denys serait condamné à mort; l'arrêt de mort planerait toujours sur sa tête. Dès lors que deviendraient sa vie, sa dignité, son honneur? Comment l'autorité qui le régit pourrait-elle améliorer les services, procurer en toutes circonstances l'observation des lois canoniques et civiles, et voir la pleine réalisation de la mission du Chapitre? Tout n'y deviendrait-il pas faible, languissant, abandonné? Et à qui ce spectacle de décadence pourrait-il être utile?

Il n'en sera pas ainsi. Au même titre que les droits de ses membres, l'honneur du Chapitre et de la basilique restera inviolable.

IV.

Courtes observations sur le discours prononcé le 28 novembre 1876 à la Chambre des Députés, par M. C. Sée, contre le Chapitre de Saint-Denys.

I. Le premier reproche que M. Sée adresse au Chapitre de Saint-Denys, c'est son inconstitutionnalité. Cependant il reconnaît la légalité des décrets de 1806 et 1852, qui ont force de loi. Ces décrets, il est vrai, ont été modifiés plusieurs fois par le Pouvoir exécutif. Mais ce Pouvoir a-t-il outrepassé ses attributions en modifiant, sans en changer la nature, une institution légale ?

Les Chefs illustres de ce Pouvoir, de doctes Ministres, le Conseil d'État, ne l'ont pas pensé. Ils savaient, par la jurisprudence constante de la Cour de Cassation, que le Pouvoir exécutif peut modifier les lois dans leurs parties réglementaires, selon les circonstances. Aussi l'Assemblée nationale, par ses votes en 1873, 1874, 1875 et 1876, a reconnu et sanctionné la légalité de l'institution.

II. Pour établir l'inutilité du Chapitre, M. Sée cite quelques paroles de M. de Montalembert, qu'il s'est bien gardé d'expliquer. S'il fallait suppléer à ces explications qu'on lui a demandées et qu'il n'a pas données, il faudrait entrer dans un exposé historique assez long. Il suffira, croyons-nous, de rappeler comment la question de Saint-Denys se présentait aux Assemblées politiques de 1843 à 1847.

Le Roi Louis-Philippe négociait depuis plusieurs années à Rome l'exemption et l'institution canonique du

Chapitre; ce projet rencontrait l'opposition respectable de l'archevêque de Paris, Mgr Affre, qui croyait défendre les droits de son siége; et celle moins réfléchie de quelques esprits ardents qui se défiaient du gouvernement. Ces oppositions cependant n'empêchèrent pas le plein succès des négociations; et la Bulle donnée par Grégoire XVI, le 5 avril 1843, serait devenue loi de l'État sans la révolution de février. Les paroles de M. de Montalembert, empreintes de défiances que rien n'est venu justifier, sont un incident qui ne touche point au fond de la question[1], et tous les arguments de M. de La Bassetière pour établir la nécessité et l'importance religieuse de l'Institution de Saint-Denys subsistent dans toute leur force. Le préopinant n'y a fait aucune réponse.

III. Ces préliminaires, dans le discours de M. Sée, sont suivis d'un exposé historique, et de nouveaux arguments trop faciles à détruire.

L'exposé historique n'est ni exact, ni complet. Pour le réfuter, il faudrait reproduire les Lettres pastorales sur l'histoire du Chapitre, et les Mémoires pour sa défense, publiés par son Primicier, et adressés à messieurs les Sénateurs, ainsi qu'à messieurs les Députés. Ils les ont sous les yeux; leur reproduction serait inutile ici.

En nous plaçant au point de vue actuel, au point de vue du temps présent, et en restant sous l'empire du Décret du 23 janvier 1873, toute la question de Saint-Denys se réduit à ces termes :

1° Est-il convenable, utile, nécessaire, de conserver

1. Voir la première Lettre de Mgr l'évêque de Sura, pages 8, 9, 10.

la Basilique de Saint-Denys au culte divin? Est-il de la plus haute convenance, de la plus grande utilité, d'une évidente nécessité, de laisser subsister, avec ses grands souvenirs religieux, avec ses monuments historiques et nationaux, ce centre de vie et d'activité religieuses? Nous ne croyons pas qu'un homme de sens puisse hésiter à donner à ces premières questions une réponse affirmative.

2° Si Saint-Denys doit subsister avec sa destination et son caractère, comment le culte divin doit-il y être célébré?

A cette nouvelle question, les faits, les événements, le temps, ont donné la meilleure des réponses.

Il est bien évident d'abord que le culte doit y être exercé d'une manière digne de la magnificence du temple et de celle des souvenirs.

D'autre part, il était sage, nécessaire, conforme à une bonne politique, de créer des positions convenables de retraite pour les évêques démissionnaires et pour un certain nombre de prêtres distingués.

Quel plus digne clergé pour desservir l'auguste Basilique que ces vétérans de l'épiscopat et ces prêtres éminents? Et si ces hommes respectables trouvent leur asile et leur place dans la Basilique, la Basilique, à son tour, ne peut recueillir un clergé plus vénérable.

Voilà l'idée fondamentale de l'Institution de Saint-Denys telle qu'elle se dégage des nécessités, des convenances, des précédents, et du Décret même de sa réorganisation. Jamais, à aucune époque, on n'a assigné à cette Institution, comme fin unique et exclusive, la prière pour les Souverains défunts. Cette prière n'a jamais exclu les autres parties du culte divin; et ce culte, dans son étendue et sa grandeur, sera toujours la raison principale et la justification de l'établissement capitulaire de Saint-Denys; on peut s'en convaincre par la lecture de la Bulle qui l'a institué[1]. Rien donc n'est moins logique que ce raisonnement, qui fait cependant toute la force de l'argumentation de M. Sée : cette Institution, qui a eu pour cause un intérêt de politique personnelle, doit cesser d'exister avec la cause qui la fit naître.

Pour réaliser l'Institution de Saint-Denys, il fallait recourir à l'autorité du Saint-Siége ; lui seul pouvait établir un Chapitre comme celui qui siége à Saint-Denys. Le gouvernement du Roi Louis-Philippe, celui de l'Empire et celui de la République ont eu mille fois raison de demander au Saint-Siége cette consécration ; et toute cette affaire a été traitée comme une suite du Concordat, dans l'esprit du Concordat. Saint-Denys repose donc sur le droit concordataire ; il est comme un article additionnel au Concordat. Supprimer le Chapitre, même par extinction de ses membres et par l'impossibilité de nouvelles nominations, ce serait porter atteinte au Concordat lui-même. Ajoutons que, sans violer les droits du Saint-Siége, reconnus par la loi du Concordat, on ne pourrait changer l'organisation ecclésiastique de Saint-Denys.

Dans les termes que nous venons de préciser, rien n'est plus simple que la question de Saint-Denys. On voit qu'elle est liée à tous les droits de la religion et de l'Église, comme aux convenances, aux nécessités d'une politique sage et française. Il est peu d'institu-

1. Voir la Bulle à la suite de la Première Lettre de Mgr l'évêque de Sura.

tions humaines plus respectables que celle de Saint-Denys.

3° M. Sée n'a pas craint d'appeler la défaveur sur le Chapitre de Saint-Denys en le présentant comme un centre de *manifestations religieuses*. Le Chapitre serait coupable s'il ne célébrait pas d'une manière solennelle la fête du grand Patron des Gaules, de l'Apôtre de la foi chrétienne parmi nous; s'il ne secondait pas l'élan des populations vers l'auguste sanctuaire. Mais M. Sée ne prouvera jamais qu'aucune pensée politique se soit mêlée à ces témoignages de foi et de piété. Recourir à de pareils arguments, c'est avouer l'impossibilité où on se trouve d'en fournir de concluants.

Paris. — Imprimerie de J. Delalain et fils, rue des Écoles, 56.

Paris. — Imprimerie de J. Delalain et fils, rue des [illegible]

www.ingramcontent.com/pod-product-compliance
Ingram Content Group UK Ltd.
Pitfield, Milton Keynes, MK11 3LW, UK
UKHW021129230726
13926UKWH00002B/680

9 782014 452747